De schat

Annemiek Neefjes
tekeningen van Tineke Meirink

Zwijsen

4

De brief

Het giet buiten.
Ef zit op haar bed.
Ze kijkt uit het raam.
Wat is alles grijs, denkt ze.
De lucht is grijs.
De bus en de auto zijn grijs.
Straks word ik ook nog grijs.
Dan hoort ze de deurbel.
Wie zal dat zijn?
Mor?
Mor zit in haar klas.
Mor is leuk.
Ef is op hem.
Sssst, hij weet dat niet, hoor.
Ef rent naar de gang.
Papa doet de voordeur juist dicht.
'Wie was dat?' vraagt Ef.
'Het was de wind,' plaagt papa.
'Die wilde naar binnen.'
'Niet,' lacht Ef.
Papa zegt:
'De wolf en de geitjes belden aan.'

'Niet waar,' roept Ef.
Mama komt naar de gang.
'Wat is hier aan de hand?' vraagt ze.
Papa zegt:
'Een meeuw bracht een brief.'
'Nie-iet!' roept Ef hard.
Maar papa knikt.
'Echt waar,' zegt hij.

Papa geeft Ef de brief.
Voor Ef, staat erop.
Van wie zou die zijn?
Ef draait de brief om.
Daar staat: *Van oom Jim.*
'Oom Jim?' vraagt mama.
'De oude zeeman?'
Snel maakt Ef de brief open.
Dit staat er:

Lieve Ef,
Ik zoek een schat.
Ik heb je hulp nodig.
Kom je naar Wielan?
Daar woon ik.
Morgen vroeg gaat de boot.
Daag, oom Jim.

'Hoera!' roept Ef.
'Ik ga op reis.
Morgen al.
Op zoek naar een schat!'

Oom Jim

'Ho ho,' zegt papa.
'En ik dan?
Mag ik niet mee?'
'Ho ho,' zegt mama.
'En school dan?
Je sommen en je taal?'
'Nee hoor,' zegt Ef.
'Ik ga de schat zoeken.
Met oom Jim.'
Maar wie is oom Jim?
Ef kent hem niet.
Mama zegt:
'Waar zee was,
was oom Jim.
Hij had een groot schip.
Ik was toen nog klein.
Hij ging naar verre landen.
Altijd nam hij iets voor me mee.
Een masker.
Een dolk.
Een fluit van riet.

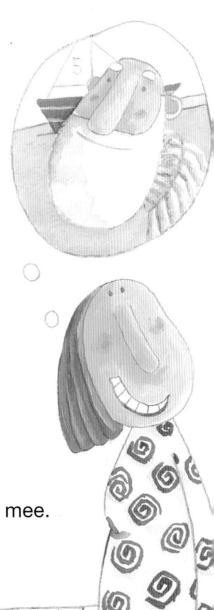

Nu is oom Jim oud.
Hij vaart niet meer.
Hij woont nu vlak bij zee.'
Ef vraagt:
'Hoe weet hij van de schat?'
Mama zegt:
'Dat is het geheim van oom Jim.'

'Het is bedtijd,' zegt papa.
Hij brengt Ef naar bed.
Ef denkt:
Morgen vroeg ga ik al weg.
Ik heb heel veel zin.
En toch.
Het voelt raar in haar maag.
Ze denkt aan de schat.
Aan de zee.
Aan oom Jim.
Zou hij wel leuk zijn?

Dan hoort ze:
'Klie klie.'
Wat is dat?
Bij het raam zit een meeuw.
'Klie klie,' zegt de meeuw weer.
Of droomt Ef?
Zijn kop is zwart.
Op zijn bek zit een rood kruisje.
Zijn oogjes zzzzo rond als …
Zijn kop is zwart.
Zzzzz …
Ef slaapt.
'Klie klie.'

Op de boot

Papa en mama gaan mee naar de boot.
Fuuuuut.
De boot gaat.
'Dag! Daaag!' roept Ef.
Ze zwaait naar papa en mama.
Steeds kleiner worden ze.
Dan zijn ze een stip.
Dan zijn ze weg.
Alles om Ef heen is zee.
En lucht met grijze wolken.
Maar grijs is nu niet erg.

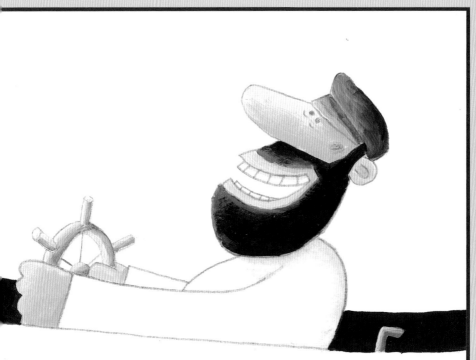

Een zeeman staat aan het roer.
Hij zingt uit volle borst:
'Klots bots op de rots.
Zit een echte meermin
Hots plots van de rots.
Duikt ze diep de zee in.'
Dan roept de zeeman Ef.
Ze mag aan het roer.
Hij wijst op het kompas.
'Die kant op,' zegt hij.
'Noord Oost.'

Ef vaart op de golven.
Een meeuw vliegt langs de boot.
Met een rood kruisje op zijn bek.
'Klie klie kja kja kja.'
'Hee,' zegt Ef.
'Jou ken ik.'
Maar ze moet op het roer letten.
Ver weg ziet ze een dunne streep.
'Dat is Wielan,' zegt de zeeman.
Hij neemt het roer weer.
De streep wordt de wal.

Een oude zeeman roept haar naam.
Ef springt op de kant.
Dat moet oom Jim zijn.
Hij geeft haar een kus.
Brrr, het prikt.
Zijn baard.
'Kom,' bromt hij.
'Naar huis.'

Wielan

Ef zit naast oom Jim.
Op de bok van de kar.
'Hu,' zegt oom Jim.
Daar gaan ze.
Ze rijden door het bos.
En dan door de duinen.
Het is stil.
Ef proeft zout op haar lippen.
Van de zee.
Dan ziet ze de zee.
Grijs en groen en blauw en geel.
'We zijn er,' zegt oom Jim.
'Ik zie niks,' zegt Ef.
'Wacht maar,' zegt oom Jim.
Hij klimt op het duin.
Ef klimt er ook op.
Oom klimt er weer af.
Ef ook.
'Wauw!' roept ze dan.
Ze ziet een huis van hout.
Met een rond raam.
En een schuin dak.

En een deur die scheef hangt.
'Daar woon ik,' zegt oom.

Ef loopt naar binnen.
Oom geeft haar gort met ui.
'Dat eet ik nooit,' zegt Ef.
Ze kijkt vies.
Maar ze heeft honger als drie paarden.
Ze eet alles op.
'En nu naar bed,' zegt oom.
'Morgen gaan we op pad.
Op zoek naar de schat.'
Oom dekt Ef toe.
'Klie klie,' klinkt het buiten.
Maar Ef hoort niets.
Ze slaapt diep.

De schat

De zon komt op.
Oom en Ef staan klaar.
Wat hebben ze bij zich?
Een schop voor oom.
Een schop voor Ef.
Brood met spek.
En een oude kaart van Wielan.
Op de kaart staat een rood kruisje.
Daar ligt de schat.

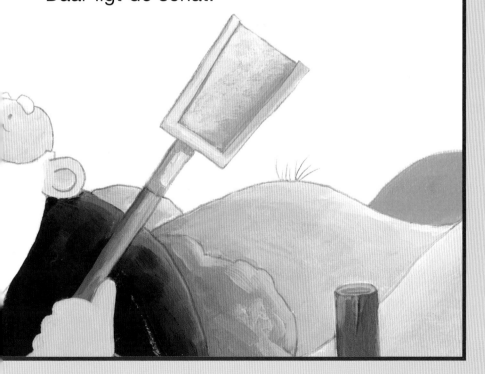

Ze gaan links.
Ze gaan rechts.
Ze gaan duinen op.
En weer af.
Waar zijn ze nu?
Oom kijkt om zich heen.
Hij weet het niet.
In de verte raast de zee.
De wind is fel.
Oom en Ef zoeken op de kaart.
Ze moeten een pad in.
Maar er is geen pad.
Alleen maar struik.
Wat nu?

'Klie klie,' hoort Ef.
Daar is de meeuw.
De meeuw met het kruisje.
De meeuw pikt op de kaart.
Dan vliegt hij naar de struik.
Wat wil de meeuw toch?
'Ak ak ak!'
Ef kijkt naar de struik.
Dan ziet ze een gat.

Een gat in de struik.
'Kom, oom!' roept Ef.
'We kruipen er door.
Dank je wel, meeuw!'

De meeuw vliegt voor ze uit.
Hij brengt ze naar een hoog duin.
'Kjauw kjauw,' zegt de meeuw.
Hij pikt in het zand.
Zou de schat hier zijn?
Oom graaft. Ef graaft.
Dieper en dieper.
Krrrrsssss.

Wat is dat?
De schop kan niet verder.
'Het is de schat!' roept Ef.
Oom tilt de kist uit de kuil.
De kist is groot en zwaar.
'Kijk jij er maar in,' zegt oom.
Ef duwt het deksel omhoog.
Wat ziet ze?
Geen ring.
Geen oorbel.
Geen munt van goud.
Ze ziet niks.

Dan kijkt Ef nog eens.
Onder in de kist ligt iets.
Ze klimt in de kist.
'Het is een boek,' zegt ze.
'Een boek?' vraagt oom.
'Wat een malle schat.'
Ef leest in het boek:
Ak ak ak = Let op.
Kjauw kjauw = We zijn er.
Klieuw klieuw = Ik ga mee.
En nog veel meer.

'Goh,' zegt Ef.
'Nu snap ik wat de meeuw zegt.'
Oom knikt.
'Het boek is voor jou,' zegt hij.
'Klie klie,' zegt de meeuw.
Ef lacht.
'Ik weet wat hij zegt,' zegt ze.
'Hij zegt: ik ben je vriend.'

Oom zit in het zand.
'En nu brood met spek,' zegt hij.
Ef eet.
De meeuw zit op haar schoot.
'Meeuw,' zegt Ef.
'Morgen ga ik naar huis.
Ga je met me mee?
Dan kunnen papa en mama je zien.
En Mor uit mijn klas.'
'Klieuw klieuw,' zegt de meeuw.
'Joepie!' roept Ef.

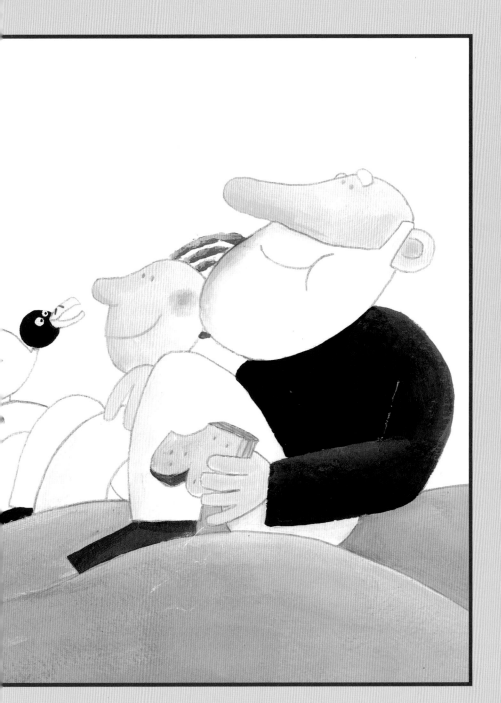

Weer thuis

Het giet buiten.
Ef vindt het niet erg.
Ze zit met de meeuw op bed.
De meeuw weet een mooi verhaal.
En nog een.
Van een kleine potvis in zee.
Van een schelp die een reis maakt.
Van …
Dan gaat de bel.
Wie zal dat zijn?
Ef loopt snel naar de voordeur.
Daar is Mor!
'Hoi,' zegt Mor.
'Hoi,' zegt Ef.
Mor vraagt:
'Mag ik je meeuw zien?'
'Ja hoor,' zegt Ef.
Nu zitten ze alle drie op bed.
Ef, Mor en de meeuw.
'Ieuw ieuw,' zegt de meeuw.
'Wat zegt hij?' vraagt Mor.
Ef doet alsof ze het niet weet.

Ze bloost een beetje.
Dan zegt ze:
'Ik zeg het wel in je oor.'
Nu wordt Mor een beetje rood.
'De meeuw heeft gelijk,' zegt hij.
Hij gaat dicht bij Ef zitten.
'Ja!' zegt Ef blij.
Ze lacht.
Dan durft ze iets.
Ze geeft Mor een kus.
Zo. Smak.
Op zijn oor.

En dan?
Dan gaat de meeuw naar het raam.
Hij pikt op het glas.
'Kieuw kieuw,' zegt hij.
De meeuw mist de zee.
Ef doet het raam op een kier.
Ze aait zijn zwarte kop.
'Dag meeuw,' zegt ze zacht.
'Ik kom snel weer naar Wielan.
En dan neem ik Mor mee.'
'Klie-oe,' zegt de meeuw.
'Tot gauw!'
Hij vliegt weg.
Ef zwaait. En Mor zwaait.
Tot de meeuw klein is als een veertje.
Dan zegt Ef:
'Mor, ik weet een mooi verhaal.
Ik heb het van de meeuw.
Luister maar.'

Serie 10 • bij kern 10 van Veilig leren lezen

Mart en Roel

Brigitte Minne en Rosemarie de Vos

De schat

Annemiek Neefjes en Tineke Meirink

Bonny Big is ... bang!

Selma Noort en Irma Ruifrok

Krijg nou wat!

Rindert Kromhout en Jan Jutte

Marleen

Maria van Eeden en Mark Janssen

Ik wil mijn tand!

Daniëlle Schothorst

Soep met rijm

Truus van de Waarsenburg en Ina Hallemans

Post voor een zeemeid

Annemarie Bon en Marijke van Veldhoven

STICHTING NEDERLANDSE
KINDERJURY
2006

ISBN 90.276.6045.x
NUR 287

Vormgeving: Rob Galema

1e druk 2005
© 2005 Tekst: Annemiek Neefjes
Illustraties: Tineke Meirink
Uitgeverij Zwijsen B.V. Tilburg

Voor België:
Zwijsen-Infoboek, Meerhout
D/2005/1919/241